Kerstin Fuhrmann

Mitmachen - Mut machen

Kerstin Fuhrmann

Mitmachen - Mut machen

Mindful Journaling für von Krebs Betroffene

Trainerverlag

Imprint

Cover image: www.ingimage.com

Publisher:
Der Trainerverlag
is a trademark of
Dodo Books Indian Ocean Ltd., member of the OmniScriptum S.R.L Publishing group
str. A.Russo 15, of. 61, Chisinau-2068, Republic of Moldova Europe
Printed at: see last page
ISBN: 978-620-0-77014-1

Mitmachen – Mut machen

Mindful Journaling für von Krebs Betroffene

von

Kerstin Fuhrmann

„Werde lebendig,
spüre dich selbst,
sei achtsam für alles,
was sich in deinem Leib,
deinem Geist, deiner Seele regt.
Lass andere von deinem „Grün“ spüren.
Im Einklang mit dir,
strahle Hoffnung und Ruhe aus.“

(Karola Pretzl-Weigant)

Inhalt

Vorwort

Mitmachen und Mut machen

Mit dem Titel ihrer Broschüre spricht die Autorin Kerstin Fuhrmann zwei Themen an, die für Menschen mit einer Krebserkrankung von zentraler Bedeutung sind.

Mitmachen, weil die Mitarbeit der Patientinnen und Patienten bei der Entscheidung und Durchführung einer Krebsbehandlung in der heutigen Medizin nicht mehr wegzudenken ist.

Mut machen, weil es trotz unterschiedlichster Verläufe von Krebserkrankungen immer wieder wichtig ist, sich zu vergegenwärtigen, was einem Kraft, Mut und Stärke gibt.

Kerstin Fuhrmann weiß als selbst Betroffene, wovon sie schreibt. Als Patientin, aber auch Ratgeberin im Rahmen ihrer Selbsthilfegruppe „Lebensläufer" in Bayreuth hat sie herausgefunden, was ihr und anderen im Umgang mit einer solch schweren Diagnose helfen kann. Im Verlauf ihrer Erkrankung und deren Behandlung hat sie begonnen, Gedanken zu sammeln, Worte und Bilder zu formen. Und ohne es geplant zu haben, ist hierbei am Ende dieses anregende Werk entstanden, das auch anderen Betroffenen eine Hilfe sein kann.

Im Verlauf ihrer Erkrankung hat Kerstin Fuhrmann auch die Unterstützung der Psychosozialen Krebsberatungsstelle der Bayerischen Krebsgesellschaft e. V. in Bayreuth in Anspruch genommen. Die dortige Unterstützung in Form von Beratungsgesprächen, aber auch von Weitervermittlung in Kursangebote und die Selbsthilfegruppe, war ein Baustein auf ihrem Weg zu ihrer heutigen Stärke. Es erfüllt uns mit großer Freude, dass wir Kerstin Fuhrmann auf diesem Weg ein Stück begleiten durften.

Dipl.-Psych. Dr. Stephanie Schmid
Psychologische Psychotherapeutin, Psychoonkologin (DKG)
Psychosoziale Krebsberatungsstelle Bayreuth der Bayerischen Krebsgesellschaft e.V.

BAYERISCHE
KREBSGESELLSCHAFT

Vorbemerkungen der Autorin

Erst erkrankte ich an Brustkrebs und dann kam noch der Corona-Blues dazu. Plötzlich gehörte ich schon mit 54 Jahren zur Corona-Risikogruppe.

Als wenn die Beeinträchtigungen von den verschiedenen Krebstherapien, von der Antihormontherapie sowie der andauernden Fatigue nicht schon genügend Kräfte zehren und Lebendigkeit rauben würden.

Sätze wie: „Vergiss mal deine Lebenspläne, halte Abstand und bleibe zu Hause!“, führten bei mir, wie wohl bei vielen anderen Menschen auch, zunächst zu einer tiefen Resignation. Denn war ich nicht gerade erst wieder dabei, mich lebendig zu fühlen, teilhaben zu wollen und der dauernden Erschöpfung mit Tanz oder Fitnesskursen beizukommen?

Teilhabe und volles Leben mit Lebensqualität war mein Ziel! Lebensfreude, Lebenslust - davon wollte ich wieder etwas spüren.

Doch dann kam Corona: keine Selbsthilfegruppe, kein persönlicher Austausch, keine Sport-, Yoga- oder Tanzkurse, keine Reisen, kein Weihnachten, keine Familie, meinen Beruf als Berufsschullehrerin ausüben - auch nicht. Soziale Kontakte - fast null.

Dabei ist der Mensch doch ein soziales Wesen und von der Resonanz seines Wirkens abhängig.

Das Wichtigste aber blieb: Mein Mann, meine Kinder, die Natur, mein Hund, meine Beweglichkeit, Achtsamkeit und Gespür für Stimmungen, Lichtzauber und Poesie.

Durch die zunächst erzwungene Ruhe entstand bei mir eher das Gegenteil als Entspannung, es entstand ein nervöses, verzweifeltes Grundrauschen. Bedrohende Leere. Und es begann eine lange Reise zu mir selbst. Jeden Tag klingelte ich bei mir: Ich war meist zu Hause!

Dann fing ich an, Stimmungen, Gefühle, schöne Texte und Wörter zu sammeln und merkte: Hier spricht meine Seele!

Aus den gesammelten „Schnipseln“ wurden gestaltete, innere Räume. Das beängstigende Grundrauschen verschwand hin und wieder und mein Blick auf die Schönheit der Natur, der Dinge und der besonderen Menschen und Tiere um mich herum trat in den Vordergrund.

So dachte ich mir: Was mir persönlich hilft, hilft eventuell auch anderen.

Ich hoffe nun, frei nach dem Motto:

„Fantasie ist wichtiger als Wissen. Denn Wissen ist begrenzt!“ (Albert Einstein)

dass wir alle bald wieder getrost und unverzagt sein können.

Falls ich Ihnen durch die folgenden, kleinen Meditationen ein entspanntes Lächeln auf Ihr Gesicht zaubern kann, freue ich mich sehr! ☺

Ihre Kerstin Fuhrmann

Kerstin Fuhrmann und Tochter

Ode an die Brust-Krebs-Frauen

Krebsfrauen jammern nicht - sie wollen LEBEN!

Krebsfrauen rennen nicht - sie schreiten!

Voll Stolz und Mut und Trauer und auch LebensLust!

Denn Vieles haben sie verloren -
durch schmerzhafte Therapien:

Haare, Hormone, Brüste, Geschwindigkeit ...

aber auch Eitelkeit!

Und doch gewonnen:

LEBEN und Achtsamkeit!

Krebsfrauen jammern nicht ... sie LEBEN!

„Irgendwann in deinem Leben wirst du auf eine Reise gehen. Es wird die längste Reise sein, die du je gemacht hast. Es ist die Reise zu dir selbst.“

(Katherine L. Sharp)

Einleitung

Meditieren klingt aufwendiger oder langweiliger, als es ist. Es gibt viele Möglichkeiten, den Geist zu beruhigen. Wenn dir dies ab und zu gelingt, fühlt sich die Seele schon wieder freier.

Viele Menschen können sich aber nicht einfach hinsetzen und nichts tun. Dann wandert der unruhige Geist erst recht. Außerdem fördert unsere Gesellschaft die „Macher“. Wer nur so da sitzt, gilt als faul. Oder man hält sich selbst für faul und hat dann ein schlechtes Gefühl dabei.

Dabei gibt es mit dem Erlernen der Achtsamkeit für sich und die Natur, sowie dem Einnehmen einer beobachtenden, nicht wertenden Haltung auch im alltäglichen Tagesablauf die Möglichkeit, kurze Meditationen in den Alltag einzubauen.

Die folgenden Impulse sind deshalb an den Tagesablauf gegliedert, können aber zu jeder Tageszeit genutzt werden.

Wir stellen immer wieder unsere Seele ins Licht und sonnen uns im Glanz: morgens, mittags, nachmittags, abends.

Anleitung

Gehe folgendermaßen vor:

1. Nimm dir jeweils 5 - 10 Minuten **Zeit**!
2. Setzte dich **entspannt** hin und nimm wahr, was vor dir ist!
3. **Betrachte** das Bild, den Text!
4. **Lies** den Text, erst schnell, dann langsam und **bewusst**!
5. Verweile, **atme** bewusst in deinen Bauch!
6. Journaling:
   Schreibe deine Gedanken dazu auf! **Gestalte** dein eigenes Bild!
7. Wie fühlst du dich jetzt? **Nimm** liebevoll und bewusst deine Gedanken und Gefühle **wahr**! Kannst du eine **Veränderung** spüren?
8. **Sage: Ja,** so ist es gerade. Und lasse deine Gedanken und Gefühle dann wie Wolken vorbeiziehen!

Der Morgen

Und immer, immer wieder geht die Sonne auf ...

1. Morgens
   und immer wieder zünde ich mein Licht an
2. Ein neuer Frühling kommt
   was uns das Schneeglöckchen sagt
3. Ohne Zauber geht es nicht
   Kuhschelle im Morgenstrahlen
4. „Carpe diem"
   deine Schreibmeditation am Morgen

Wenn du willst, begrüße jeden Morgen mit einer Herzmeditation ❤ mit Margarete Geppert, die Anleitung findest du auf ihrer Homepage:

https://margarete-geppert.de/yoga/einzelunterricht-yoga-bayreuth/yogaeinheiten-fuer-zuhause/

1. Morgens - und immer wieder zünde ich mein Licht an

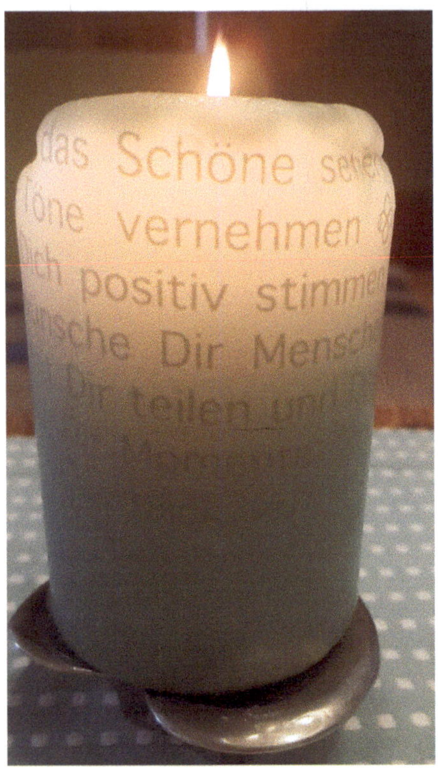

Ich zünde früh mein WORTlicht an,
dann fallen ZEITlichtstrahlen
in meine LEBENSräume.
Sie bauen Brücken aus Gefühl.
Und stärken mir den Rücken
mit ihrem warmen SONNENwind.

Lasse dein Licht am Morgen erstrahlen.
Schreibe deine Herzbegriffe auf die Lichtstrahlen deiner Kerze.

Was wünscht du dir für den heutigen Tag?

Was macht dein Herz warm?

Wo oder wann oder bei wem geht dir dein Herz auf?

Kreiere dein eigenes Licht:

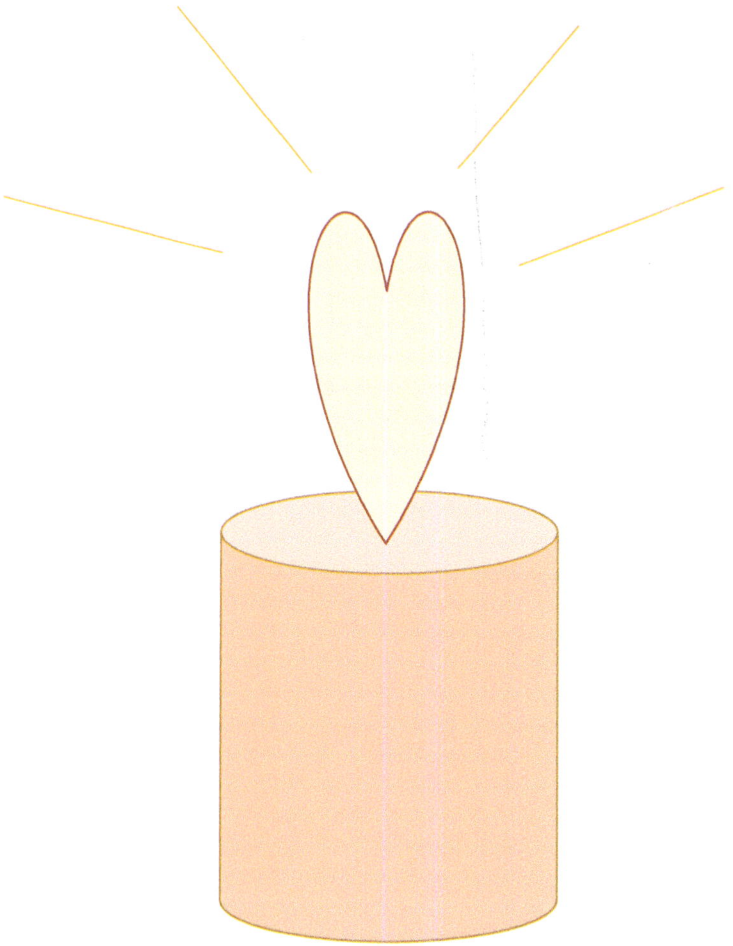

2. Ein neuer Frühling kommt

Was uns das Schneeglöckchen sagt

(Bild © Sven Herdt)

Trotz meiner Zerbrechlichkeit
erblühe ich.
Im Vertrauen
auf die Kraft
des Seelenfunkens
erstrahle ich vor dem
goldenen Horizont.

Deine erste Meditation am Morgen
Verweile 5 Minuten mit deinen Augen auf dem Bild des Schneeglöckchens:

Welche Farbe nimmst du wahr? Wo siehst du das Licht? Siehst du etwas Zartes?

Wahrnehmen und achtsam sein:

Wie fühlst du dich jetzt?

Und trotzdem:

Nenne drei Dinge, die du trotz deiner Zerbrechlichkeit tun oder fühlen kannst:

1.

2.

3.

Mache eine Skizze, *wie* du heute etwas tust:

3. Ohne Zauber geht es nicht

Kuhschelle im Morgenstrahlen

Eine Kuhschelle im **Morgenstrahlen**

Wie der Schall von Kuhglocken bei Sonnenaufgang
zaubert sie hoffnungsfroh
einen neuen Tag
in mein lächelndes Gesicht.
Dankbar nehme ich das Schöne wahr!

Deine zweite Meditation am Morgen

Verweile mit deinen Augen auf dem Bild der Kuhschelle:

Welche Farbe nimmst du wahr? Wo siehst du das Licht? Siehst du etwas Flauschiges?

Zeichne 5 Minuten deine Blüte in der Sonne:

Wahrnehmen und achtsam sein:

Wie fühlst du dich jetzt?

____

Worauf möchtest du heute besonders achten?

Notiere drei Möglichkeiten:

____

____

____

4. Carpe diem

„Das Leben beginnt nicht erst, wenn wir zur vollen Blüte gekommen sind. Wenn wir erreicht haben, was wir anstrebten, wenn wir uns von Fehlern befreit oder Dinge wieder in Ordnung gebracht haben. Es beginnt nicht erst, wenn das, was sticht, fort ist, oder wenn das, wonach wir uns verzehren, da ist. Das Leben beginnt auch nicht erst, wenn wir auf dem Gipfel jubeln, im Gebet seufzen oder wenn wir endlich vom Computer aufgestanden sind und eine haarscharfe Linie zwischen virtuell und real gezogen haben.

Leben findet jetzt statt, immerzu, in jedem Moment. Es fragt nicht, ob wir "soweit" sind. Es umarmt und durchströmt uns mit all unseren Fragen, mit all unseren vermeintlichen Unzulänglichkeiten, mit allem, was wir an biographischen Höhepunkten und Schatten mit uns herumtragen.

Wir sollten aufhören, das Leben zu vertagen, sollten aufhören uns wegen unserer Vorläufigkeit oder Unfertigkeit für fern aller Lebendigkeit zu halten.

All das ist Leben. Köstliches, verletzbares, vergängliches, widersprüchliches Leben. Unsere Art zu reifen ist unverwechselbarer Ausdruck unseres Seins und Werdens, wie das Ein- und Ausatmen einer in sich ruhenden Ewigkeit. In jeder von uns nimmt dieser mächtige Strom eine einzigartige Gestalt an. Warte nicht auf einen fernen Tag, um Dich lebendig zu fühlen."

Quelle: Giannina Wedde "In Deiner Weite lass mich Atem holen", Vier Türme Verlag 2018, http://kurzelinks.de/zgay

Deine Schreib-Meditation am Morgen

Schreibe den nebenstehenden inspirierenden Text **ab:**

Wahrnehmen und achtsam sein:

Wie fühlst du dich jetzt?

Worauf möchtest du heute besonders achten?

Unterstreiche drei Begriffe im Text und notiere deine Möglichkeiten:

Der Mittag

Und immer wieder kommt ein neuer Tag ...

1. ATEM-Pause am Tag
   Inne-halten am Tag
2. Leben in der Fülle
   Sonne – Da Sein
3. Hingabe an dein Herz
   Kreiere dein eigenes Herz-Gemälde mit einer Wortwolke
4. Pause

Wenn du willst, entspanne dich mit einer Körperreise 🕴
mit Margarete Geppert, die Anleitung findest du auf ihrer Homepage:

https://margarete-geppert.de/yoga/einzelunterricht-yoga-bayreuth/yogaeinheiten-fuer-zuhause/

1. ATEM-Pause am Tag

Innehalten am Tag

Die **PAUSE** zwischen den ATEMzügen

Verheißt meinem Selbst in STILLE:

Schön, dass ich da bin und so SEIN darf.

ALLES ist gut: Ein frischer, neuer Abschnitt beginnt!

Ich nehme wertfrei wahr, was ist.

Liebevoll beobachte ich meinen ATEM.

Gedanken und Gefühle dürfen kommen und gehen,

das SCHÖNE bleibt!

Der RAUM dazwischen ist nicht leer, nur ruhig.

Ich gebe mir Raum!

Hingabe an deinen ATEM-Raum

Notiere in deine ATEM-Begriffe von innen nach außen in die Spirale und gebe dir RAUM.

Gestalte von innen nach außen dein eigenes Labyrinth.

ein - aus

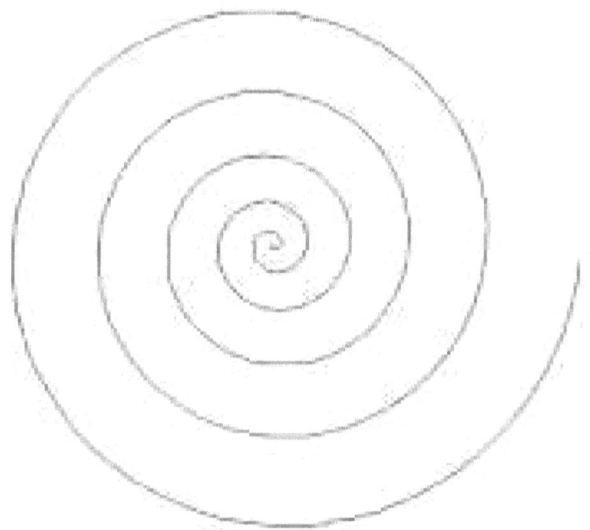

(http://www.mathe.tu-freiberg.de/~hebisch/cafe/spiralegalilei.html)

2. Leben in der Fülle

Sonne - Da Sein

Lasse mich so

still und **froh**

deine Strahlen fassen

und Freude wirken lassen.

Lasse dein schönstes Lichte

berühren meine Lebensgeschichte.

Du füllst alle meine Zwischenräume mit Glanz!

Hingabe an die Sonne

Was lässt dich strahlen bis über beide Ohren?

Schreibe deine Begriffe oder einen Satz in die Sonnenstrahlen.

Kreiere dein eigenes Sonnenbild

3. Hingabe an dein Herz

Welche 3 Begriffe sind dir am Wichtigsten?

Schreibe diese in die Mitte deines Herzens.

Fülle dein Herz und lasse die Worte erstrahlen mit Leuchtfarbe.

Die anderen Begriffe notiere außerhalb des Herzens: zur Unterstützung.

Kreiere dein eigenes Herz-Gemälde:

Eigener Wert

Bewusste Entscheidung

Bedeutung

Fähigkeit

Genuss

ans Herz gehen

Wärmend

Persönliche Note

Hingabe

Erstrahlen

Leuchten

Leidenschaft

Glaube

Hoffnung

Liebe

Wärme

Entscheidungsfähigkeit

Gefühl des Wertes

Wortwolke

Erstelle deine eigene Wortwolke mit deinen Herzbegriffen im Netz, z.B. bei:

https://www.wortwolken.com/

Deine kreative Seite

Klebe deine ausgedruckte Wortwolke hier ein oder gestalte hier deine Herz-Collage.

4. Pause

Deine leere Seite
Sie erinnert dich daran, nichts zu tun, da sein, den Geist leeren.

Der Nachmittag

Und immer wieder zieht es dich hinaus und du stellt deine Füße auf weiten, freien Raum …

1 Spaziergang am Meer
  Gedicht: Am Meeres-Saum
2 Deine Schreib-Meditation am Nachmittag
  Beobachtendes Schreiben
3 Mein Freund der Baum, Hingabe an die Natur
  Spaziergang: Gehe hinaus und atme dich frei
4 Gestalte im Netz deine eigenen Wortwolke

Wenn du willst, komme ins Gleichgewicht mit einer Baummeditation 🏝 mit Margarete Geppert, die Anleitung findest du auf ihrer Homepage:

https://margarete-geppert.de/yoga/einzelunterricht-yoga-bayreuth/yogaeinheiten-fuer-zuhause/

1. Spaziergang am Meer

Am Meeres-Saum

Am Meeres-Saum

stehst du still
und
hörst du
das Schlurfen der kleinen Steine.

Alles wird rund,
es hebt und senkt
sich und atmet.
Verändert
wird alles angespült.

Ewiges Rauschen
der Wellen und des Windes beruhigen dich.

Versonnen schaust du hinaus aufs Meer.

Gedanken verloren ....

2. Deine Schreibmeditation am Nachmittag

Beobachtendes Schreiben

Beschreibe, was du siehst. Beobachte genau, aber bewerte oder urteile nicht und schreibe nichts über deine Gefühle:

Jetzt – in diesem Moment – sehe ich

Und nun bin ich dankbar für diesen Tag, insbesondere für:

1.

2.

3.

3. Mein Freund der Baum

Hingabe an die Natur

Gehe hinaus und atme dich frei!

Such dir deinen Lieblingsbaum aus. Lehne dich an ihn und lausche.

Betrachte genau seine Äste und seine Blätter.

Welche 3 Farben sind dir dabei aufgefallen?

Fülle damit den Stamm deines Baumes!

Fülle die Äste mit deinen Wahrnehmungen auf deinem Spaziergang.

Wo sind die Wurzeln? Gibt es auch Früchte? Düfte?

Was macht der Wind?

Kreiere dein eigenes Baum-Gemälde:

4. **Wortwolke**

https://www.wortwolken.com/

Gestalte im Netz deine eigenen Wortwolke!

Spaziergang

Natur

Gedanken ziehen lassen

denken

nicht denken

wahrnehmen

sein lassen

Mobilität

to go

langsam

entschleunigen

Blutdruck senken

entspannen

sehen

lauschen

hören

Weg

Moos

Holz

Deine Wortwolke

Let it flow - deine kreative Seite

Der Abend

Und immer wieder bin ich dankbar für den Tag ...

1. Loslassen können
   Im Vertrauen sein – wie fühlt es sich an?
2. Getrost und unverzagt
   Das Licht der Laterne erhellt deinen Weg
3. Schutz-Raum
   Dein Schneckenhaus
4. Hingabe an deinen ATEM
   Atem-Meditation
5. Deine Schreib-Meditation am Abend
   Freies Schreiben

1. Loslassen können

Im Warten auf den **Lichtzauber**
bin ich im Abendgrau verträumt.
Morgens frisch erblüht
strecke ich
meine sonnengelben Stempel
dem Feenstaub entgegen.

Im Vertrauen sein

Wie fühlt es sich an - im Vertrauen sein?

Wer oder was gab dir heute Kraft und hat dir Vertrauen in deinen Zauber geschenkt?

Wofür bist du heute dankbar?

1. Gestalte deinen Glitzer-Stern und konzentriere dich dabei auf deinen Atem:

   ein - aus

2. Streue ein wenig Feenstaub und Glitzer über dein Tageswerk.

Getrost und unverzagt

Das Licht der Laterne erhellt deinen Weg

Wie eine Laterne im Mondscheinschimmer
erleuchtet
ein Schneeglöckchen
meinen Abendpfad,
es zeigt mir das Licht
und ich fürchte mich nicht.

Abendspaziergang

Nimm eine Laterne oder Taschenlampe und schlendere durch die Stille deiner Heimat.

Lasse deine Gedanken ziehen, wie Wolken fliegen sie dahin.

Achte auf Gerüche, Geräusche, Lichter, Stimmen ♬ 👂 🐈.

Die frische Luft durchströmt deine Lungen, atme kräftig aus und lasse alles Schwere draußen.

Dann genießt du das Ankommen daheim. Entspannt und locker fühlst du dich warm.☺ 🏠

2. Schutz-Raum
Dein Schneckenhaus

Eingerollt in deinem Schneckenhaus

behütet, beschützt und rundum umhüllt

erholst du dich, du atmest dich frei.

Deinen Weg hinaus beginnst du hoffnungsfroh voll Zuversicht.

Gemütlich streckst du deine Fühler aus.

3. Hingabe an deinen ATEM-Raum

Deine Atem-Meditation, wenn du schon im Bett liegst:

Beobachte deinen Atem:

Ein - aus

Alles geht von allein.

ES atmet mich.

Ich brauche nichts tun.

Ein - aus.

Gedanken an morgen

Kommen und gehen.

ein – aus.

Ich habe alles, was ich brauche.

Ich bin geschützt, geliebt, kraftvoll.

ein – aus

Morgen früh bin ich wach und fit und mache einen Sonnengruß.

ein – aus

Alles geht von allein.

ES atmet mich.

Ich brauche nichts tun.

Ein - aus.

Gedanken an morgen

Kommen und gehen.

ein – aus.

4. **Deine Schreib-Meditation am Abend**

Freies Schreiben:

Bringe deine unwillkürlichen Gedanken aufs Papier und leere damit deinen Geist:

Jetzt - in diesem Moment - denke ich, dass

Und nun bin ich dankbar für diesen Tag, insbesondere für:

1.

2.

3.

Geschafft

Bravo! GROßartig!

Nützliche Hinweise und verwendete Quellen

Apps:

Interaktiver Krebsassistent

https://www.mitmika.de/

Websites:

BAYERISCHE
KREBSGESELLSCHAFT

Psychosoziale Krebsberatungsstelle Bayreuth
der Bayerischen Krebsgesellschaft e.V.:
https://www.bayerische-krebsgesellschaft.de/krebsberatungsstellen/bayreuth/?L=0

Yoga:

https://margarete-geppert.de/yoga/

Fotografien:

https://svenherdt.com/

Wandplaner:

https://www.rot-stich.de/portfolio/details/wandplaner.html

Gedichte und Texte:

https://www.klanggebet.de/

"Carpe diem"

Giannina Wedde: "In deiner Weite lass mich Atem holen - Segensworte für die Lebensreise"

Danksagung

Vielen lieben Dank an den besonderen **Fotograf Sven Herdt**, der uns eins seiner kunstvollen Blütenbilder zu diesem Zweck zur Verfügung gestellt hat!
Ganz besonderen Dank auch an **Margarete Geppert**, die uns ihre Hörmeditationen zur Verfügung stellt.

Ein **herzliches Dankeschön** ebenso an **Zorah Beuschel von der psychosozialen Krebsberatungsstelle Bayreuth der Bayerischen Krebsgesellschaft e.V.**, die meine Lektorin ist.

Pro verkauftes Buch werde ich 1 € an die Krebsberatungsstelle Bayreuth spenden. Danke für Ihre Unterstützung!

Danke!

Printed by Books on Demand GmbH, Norderstedt / Germany